COLEÇÃO

Crianças Geniais
Chiquinha Gonzaga

Crianças Geniais *Chiquinha Gonzaga*

Francisca Edwiges Neves Gonzaga chegou ao mundo no ensolarado dia 17 de outubro de 1847, na cidade do Rio de Janeiro. Ela era a primeira filha da dona de casa Rosa Maria Neves de Lima, filha de escravos, e do general do Exército Imperial José Basileu Alves Gonzaga. Como era **pequenina e fofinha**, todos a chamavam de Chiquinha.

*Francisca Edwiges Neves Gonzaga arrived in this world on a sunny October 16, 1847, in the city of Rio de Janeiro. She was the first child of housewife Rosa Maria Neves de Lima, a daughter of slaves, and of Imperial Army general José Basileu Alves Gonzaga. Since she was **small and chubby**, everyone called her Chiquinha.*

Crianças Geniais *Chiquinha Gonzaga*

Nessa época, o Brasil era governado por Dom Pedro II e o **Rio de Janeiro era a cidade mais importante do Império**. Tinha muitas lojas, casas de chá, cafés, teatros e salões musicais. Por isso, era o lugar que primeiro recebia todas as novidades vindas da Europa: danças, músicas, moda e outras manifestações culturais.

*At the time, Brazil was ruled by Emperor Pedro II, and **Rio de Janeiro was the most important city in the Empire**. There were several shops, teahouses, cafés, theaters and music halls there. Therefore, it was the place where all of the novelties coming from Europe arrived first: dances, songs, fashion and other cultural manifestations.*

Crianças Geniais *Chiquinha Gonzaga*

A família de Chiquinha tinha uma boa posição social e adorava frequentar esses ambientes. Eles apreciavam música e transmitiam esse gosto para a menina. **"Chiquinha, ouça que linda canção!"**, dizia sua mãe. Assim como outras garotas, ela aprendeu em casa, com os pais, a ler e a escrever, a falar francês e a tocar piano.

*Chiquinha's family had a good social standing and loved to patronize these places. They appreciated music and passed that taste on to the girl. **"Chiquinha, listen to this, what a beautiful song!"**, her mother used to say. Just like other girls, she learned to write, speak French and play the piano at home, with her parents.*

Crianças Geniais *Chiquinha Gonzaga*

Com o tempo, para aprimorar seus conhecimentos, Chiquinha passou a ter aulas de português, cálculo, inglês e religião com o Cônego Trindade, um dos melhores professores da época, e com o Maestro Lobo, um importante músico da cidade. Um dia, ao chegar em casa, **quase estourou de tanta felicidade**: seu pai lhe fez uma grande surpresa, deixando na sala um enorme presente!

With time, to expand her knowledge, Chiquinha started to take lessons in Portuguese, calculus, English and religion with Canon Trindade, one of the best tutors at the time, and with Maestro Lobo, an important musician in the city. One day, upon arriving home, ***she nearly burst with joy****: her father had made her a great surprise, leaving a huge present for her in the living room!*

Crianças Geniais *Chiquinha Gonzaga*

Quando ganhou seu primeiro piano, Chiquinha tinha nove anos. Enquanto suas amiguinhas e irmãos brincavam de pular corda e correr no quintal, ela ficava **durante horas dedilhando o instrumento**, um passatempo que lhe rendia aplausos de seus familiares. Ela pedia sempre mais partituras aos pais para treinar novas músicas.

Chiquinha was nine when she got her first piano. While her girlfriends and siblings played skipping rope and running around in the backyard, **she would spend hours fiddling with the instrument***, a pastime that earned her applause from her relatives. She would always ask her parents for more music sheets, to practice new songs.*

Crianças Geniais *Chiquinha Gonzaga*

Aos 11 anos, perto do Natal, Chiquinha foi fazer compras com a mãe e viu a cidade toda enfeitada. Encantada com o clima e com o colorido das decorações, Chiquinha chegou em casa e compôs sua primeira música, chamada "Canção dos Pastores". **A letra era do irmãozinho dela, Juca**, e foi feita para ser tocada no Natal da família.

When she was 11, it was almost Christmastime and Chiquinha went shopping with her mother, seeing the city all lit up. Marveling at the atmosphere and at the colorful decorations, Chiquinha got home and composed her first song, called "Shepherds' Song". **The lyrics were written by her little brother, Juca**, *and the song had been composed to be played at the family's Christmas party.*

Crianças Geniais **Chiquinha Gonzaga**

Com seus pais, ela ia a diferentes apresentações musicais. Além dos teatros, eles gostavam de conhecer coisas novas, como as **rodas de lundu, umbigada** e outros ritmos africanos que começavam a fazer sucesso nas ruas. Esperta que só, Chiquinha já começava a misturar as notas das músicas clássicas com os ritmos populares.

*With her parents, she attended several music recitals. In addition to plays, they liked to get to know new things, such as **the displays of lundu, umbigada** and other African rhythms that were starting to become more popular. Smart as a whip, Chiquinha was already starting to mix up the notes from classical music with those from the popular rhythms.*

Crianças Geniais *Chiquinha Gonzaga*

Chiquinha era uma menina sonhadora e sensível. Ela prestava atenção às letras de choro, um estilo musical que estava começando. E imaginava como os sentimentos e as coisas do dia a dia, como a Lua Branca, a Fogueira de São João ou a Casa do Caboclo, poderiam, um dia, se **transformar em lindas canções**.

Chiquinha was a dreamy and sensitive girl. She paid attention to the lyrics of choro, a music style that was just beginning. And she used to imagine how the feelings and things from her daily life, such as the White Moon, the São João Bonfire or the Caboclo House, could one day **be turned into beautiful songs**.

Crianças Geniais *Chiquinha Gonzaga*

Desde pequena, ela pensava que a música deveria ser compreendida por todas as pessoas. Por isso, mesmo que a cidade recebesse clássicas músicas europeias, Chiquinha **adaptava ao piano** uma porção de novos ritmos. Com isso, suas composições se tornaram ágeis, leves e muito atraentes aos ouvidos. Tanto que, por seu estilo único, anos mais tarde ela se tornaria a primeira compositora popular do Brasil.

*Ever since she was little, she used to think that music was supposed to be understood by everyone. Due to that, even though her city received classical European music, Chiquinha **would adapt it in the piano** to parts of new rhythms. With that, her compositions became agile, light and very pleasing to the ear. So much so that, due to her unique style, she would become, years later, the first popular composer in Brazil.*

Crianças Geniais *Chiquinha Gonzaga*

Apesar de todo o talento para a música, Chiquinha, como todas as meninas de seu tempo, foi educada para ser mãe. **Ela se casou bem jovem** e teve de abandonar seus estudos. Chiquinha era muito infeliz no casamento, mas teve coragem para deixar a família e viver de música, coisa nada fácil naquela época, ainda mais para mulheres.

In spite of all her talent for music, Chiquinha, like all of the girls in her time, had been brought up to be a mother. ***She married quite young*** *and had to abandon her studies. Chiquinha was very unhappy in her marriage, but had the guts to leave her husband and live off her music, which was not easy at all back then, all the more so for a woman.*

Crianças Geniais *Chiquinha Gonzaga*

Chiquinha foi a primeira mulher a reger uma orquestra e a autora da primeira marcha carnavalesca, **"Ó Abre Alas"**, de 1899. Foi também a primeira pianista de choro e criadora de mais de duas mil composições de variados estilos musicais. Desde 2012, sua data de nascimento tornou-se o Dia Nacional da Música Popular Brasileira.

*Chiquinha was the first woman to conduct an orchestra and the author of the first Carnival song, **"Ó Abre Alas"**, dated 1899. She was also the first choro pianist and the creator of over two thousand compositions, in several music styles. In 2012, her birth date became the Brazilian Popular Music Day.*

Todos os direitos desta edição reservados
para Editora Pé da Letra
www.editorapedaletra.com.br
(11) 3733-0404 | 3687-7198

DIREÇÃO EDITORIAL
James Misse

PROJETO GRÁFICO
Quatria Comunicação

EQUIPE EDITORIAL
Gustavo Mendes (Direção de arte)
Eduardo Vetillo (Aquarelas)
Patrícia Rodrigues (Pesquisa, textos e revisão)
Felipe Fiuza (Diagramação)
Lívia Bono (Textos em inglês)

Dados Internacionais de Catalogação na Publicação (CIP)
(eDOC BRASIL, Belo Horizonte/MG)

R696c
    Rodrigues, Patrícia.
        Crianças geniais: Chiquinha Gonzaga / Textos Patrícia Rodrigues; aquarelas Eduardo Vetillo. – São Paulo (SP): Pé de Letra, 2017. – (Crianças Geniais)
        24 p. : il. ; 25 x 25 cm

        ISBN 978-85-9520-014-2

        1. Compositoras – Brasil – Biografia. 2. Gonzaga, Francisca, 1847-1935. 3. Literatura infantojuvenil. I. Vetillo, Eduardo. II. Título. III. Série.

        CDD-808.899282

www.ingramcontent.com/pod-product-compliance
Ingram Content Group UK Ltd.
Pitfield, Milton Keynes, MK11 3LW, UK
UKHW060213240426
12048UKWH00031BB/1706